LETTRE

A

LOUIS - PHILIPPE;

Par M. Frédéric DOLLÉ,

AUTEUR DE L'HISTOIRE DES SIX RESTAURATIONS.

Se vend 30 centimes,

Paris.

CHEZ DENTU, PALAIS-ROYAL, GALERIE D'ORLÉANS.

DELPECH, à Bordeaux ;	MANCERON, à Bourges ;
SÉNAC, à Toulouse ;	PELLEZ-ROUSSEAU, à Metz ;
MANOURY, à Caen ;	HIVERT, à Amiens ;
DESROSIERS, à Moulins ;	J. NIEL, à Orléans.

1841.

La *Lettre à Louis-Philippe*, qu'on va lire, a été publiée par plusieurs journaux de Paris et des provinces. Le *Journal du Bourbonnais* a fait précéder cette insertion des lignes suivantes :

« Nous supprimons aujourd'hui avec plaisir notre article de fond pour faire place à la lettre politique que vient d'adresser à LOUIS-PHILIPPE-D'ORLÉANS M. Frédéric Dollé. Profondément convaincu de cette haute vérité, que si la politique a ses nécessités, elles ne sauraient cependant aller jusqu'à ériger en droit l'arbitraire personnel et la plus odieuse violation du droit des gens, l'auteur des *Six restaurations françaises* élève dans ce nouveau document une voix courageuse contre l'illégalité de la détention de Charles V. Et l'on peut dire qu'il plaide avec une grande puissance de raison les droits de la loi et ceux plus sacrés encore de l'humanité.

» La question que soulève notre jeune ami, et le talent avec lequel elle est traitée, rappelleront à nos lecteurs l'auteur des articles si remarquables insérés depuis quelque temps dans le *Bourbonnais*, et qui ont déjà valu à notre feuille les plus honorables sympathies.

» Aujourd'hui que les affaires d'Espagne sont devenues une des graves questions du moment, la lettre de M. Frédéric Dollé à *Louis-Philippe d'Orléans* acquiert une importance réelle, et mérite d'autant plus d'exciter l'intérêt de nos lecteurs, qu'elle est appuyée sur la plus saine de toutes les logiques, celle des faits. »

LETTRE

A

LOUIS-PHILIPPE.

Ne faites pas à autrui ce que vous ne
voudriez pas qui vous soit fait.

I.

Prince,

Vos ministres se rendent coupables d'un manque de foi
inouï en retenant prisonnier le roi d'Espagne à Bourges ;
comme Bourbon et comme chef de l'Etat, il vous appar-
tient de mettre un terme à cette captivité qui fait de
MM. Guizot et Soult, des complices de Maroto, des geôliers de l'Angleterre. Et cela est si vrai que la Grande-
Bretagne aime mieux se priver en ce moment des lumiè-
res du marquis de Londonderry que de l'envoyer à l'am-
bassade de France, parce que le noble lord est partisan
de la légitimité de Charles V!... c'est le *Morning-Chroni-
cle* qui a fait à la France cette révélation le mois dernier.

Veuillez d'abord vous souvenir, Prince, dans quelles
circonstances Charles V s'est confié à l'honneur français :
momentanément vaincu par la trahison de Bergara, le
roi d'Espagne n'avait plus à choisir qu'entre l'extrémité
de rester sans défense dans son royaume, au milieu d'en-

nemis implacables, ou de s'exiler du sol de la patrie. Or, en face du martyre de Louis XVI, ce prince malheureux fit demander à votre premier ministre comment il serait reçu s'il entrait en France, et on lui répondit *officielle-ment* qu'il serait accueilli en Roi, avec tous les égards dus à un monarque infortuné... Vos secrétaires d'état, Prince, ont manqué à leur parole, puisque Charles V est prisonnier à Bourges; c'est contre cette iniquité que je viens réclamer avec autant d'énergie que de justice.

Ce n'est certes pas une couronne que je demande pour le roi d'Espagne, bien que je reconnaisse la déplorable facilité avec laquelle, de nos jours, on défait et refait des rois; ce que je sollicite, c'est la liberté du monarque proscrit, méconnu, dépouillé, attaqué même dans ce qu'il a de plus cher au monde, son honneur et la félicité de ses sujets qu'il voit devenir les esclaves, les colons de l'Angleterre, sous le règne de la révolution.

II.

Thémistocle, abandonné de ses ingrats concitoyens, alla chercher un asile chez ses ennemis, et il fut accueilli avec une grande munificence; on lui offrit même le commandement des armées; — en 1814, lorsque le sénat exclut Napoléon du royaume, « cet usurpateur de la couronne » des Bourbons, ce meurtrier de votre malheureux cousin » le duc d'Enghien, » conserva son titre d'empereur (1),

(1) L'administration des postes a refusé des lettres adressées *au roi Charles V*; et cependant on dit que la France révolutionnaire permet à tout le monde de prendre tel titre qu'il lui plaît! et cependant la libre circulation et le secret des lettres sont réputés inviolables.

avec une pension de deux millions de rentes, et tous les membres de sa famille furent dotés princièrement ; de plus, c'est en qualité de souverain qu'on envoya à l'île d'Elbe ce bouleverseur de trônes, cet ennemi de la liberté et du repos des peuples ; mais aussi cette grandeur consacrée par l'adversité ; — lorsque saint Louis devint prisonnier des Infidèles, les Barbares, au lieu de lui donner des fers, lui offrirent une couronne.

Enfin, rarement chez les peuples sauvages, les saintes lois de l'hospitalité ont été violées, si ce n'est, *je le dis à regret*, sous la régence du duc d'Orléans, votre aïeul. Quand les Stuarts furent bannis de l'Angleterre et que le roi Jacques se réfugia en France, c'est royalement que ce prince malheureux fut reçu à Saint-Germain par Louis XIV ; le grand roi lui accorda tout, jusqu'à l'honneur de combattre au milieu de nos soldats français. Mais le régent d'Orléans eut la faiblesse de ne pas suivre ce noble exemple, il acheta honteusement les promesses d'Albion par l'emprisonnement et l'expulsion du Prétendant, se faisant ainsi l'ignoble geôlier de la révolution anglaise, comme vos ministres s'honorent d'être aujourd'hui les geôliers de la révolution espagnole. Et Charles V n'est pas traité comme un détenu ordinaire : sa royale personne est surveillée comme ne le serait pas celle d'un malfaiteur ; la police française épie ses pensées et ses moindres espérances ; presque chaque semaine, on envoie jusqu'à l'étranger de nouveaux émissaires, ignoblement *ralliés*, qui cherchent à savoir des amis du roi captif quels sont les projets de la cour de Bourges, et tout ce qui se passe dans cet intérieur, qui doit être bien triste, puisque Charles V et l'auguste Marie-Thérèse sont loin de leur royaume et savent leurs sujets malheureux !

III.

On assure, Prince, que vous voulez ressembler à Louis XIV, et que vous vous félicitez toutes les fois qu'un courtisan renouvelle, devant vous, cette comparaison.

D'abord veuillez regarder, Prince, tous les hommes qui vous entourent, tous ceux qui célèbrent aujourd'hui vos louanges, qui commandent les armées et les escadres de la France, qui élèvent vos enfans, qui assistent à vos conseils, qui vous annoncent vos devoirs, qui fortifient vos citadelles, qui éclairent votre raison et amusent vos loisirs, et demandez-vous, dans l'intimité de votre conscience, si l'historien des d'Orléans pourra faire un jour de vous cet éloge de Louis XIV que nous a laissé l'abbé Maury : « Ce » monarque eut à la tête de ses armées Turenne, Condé, » Luxembourg, Catinat, Créqui, Boufflers, Montesquiou, » Vendôme et Villars. Châteaubriand, Duquesne, Tour- » ville, Duguay-Trouin, commandaient ses escadres ; » Colbert, Louvois et Torcy, étaient appelés à ses con- » seils, Bourdaloue, Massillon, lui annonçaient ses de- » voirs. Son premier sénat avait Molé et Lamoignon pour » chefs; Talon et d'Aguesseau pour organes; Vauban for- » tifiait ses citadelles; Riquet creusait ses canaux; Pérault » et Mansard construisaient ses palais; Puget, Girardon, » Le Poussin, Lesueur et Lebrun, les embellissaient; Le » Nôtre dessinait ses jardins; Corneille, Racine, Molière, » Quinault, La Fontaine, La Bruyère, Boileau, éclairaient » sa raison et amusaient ses loisirs; Montansier, Bossuet, » Beauvilliers, Fénélon, Huet, Fléchier, l'abbé Fleury, » élevaient ses enfans ! »

Non, je ne puis résister à la force de ma conviction et au besoin de parler avec franchise : Pour ressembler à Louis XIV, Prince, il ne suffit pas d'entasser des peintures et des marbres à Versailles, et de vouloir le mariage d'Isabelle avec le duc d'Aumale qui ne serait que le mari de la reine, il faut avoir la politique nationale du grand roi, sa magnanime générosité, son amour pour le bon droit et la justice ; — pour ressembler à Louis XIV, il aurait fallu accepter la Belgique pour le duc de Nemours comme Louis-Dieu-Donné avait accepté l'Espagne pour Philippe V ; — pour ressembler à Louis XIV, il aurait fallu conquérir l'Egypte ou tout au moins y maintenir Méhémet-Ali, au lieu d'abandonner ce pays à l'influence anglaise ; — pour ressembler à Louis XIV, il faudrait dicter à l'Europe les volontés de la France au lieu de se soumettre à toutes ses décisions, et savoir une bonne fois répondre aux convoitises, aux tracasseries des ambassadeurs étrangers, ces paroles du grand roi, que l'histoire a conservées : « Messieurs, je suis maître chez moi, et quelquefois chez les » autres ; ne m'en faites pas souvenir. » Enfin, pour ressembler à Louis XIV, il faudrait honorer, pensionner le roi Charles V et ses fidèles soldats au lieu de les emprisonner et de les priver de secours ! Et en ce faisant, Prince, vous n'auriez fait que votre devoir, soyez-en persuadé, car Charles V n'est ni votre prisonnier de guerre, ni votre ennemi personnel, il doit donc être libre. Veuillez vous souvenir, Prince, de l'infamie que l'histoire a attachée au rôle qu'a joué l'Angleterre auprès du captif de Sainte-Hélène ! et le seigneur don Carlos sortira bientôt de la prison de Bourges, aux acclamations unanimes des Français qui n'approuvent jamais les persécutions, et les joies universelles, causées par les amnisties, pourtant bien restreintes que vous donnâtes il y a quatre ans, ne s'effaceront pas de votre esprit : tous les partis furent d'accord pour applaudir à ces actes de justice, et je suis convaincu qu'il en sera de même dès que Charles V et l'auguste Marie-Thérèse seront libres, dès que tous les proscrits pourront rentrer dans leur patrie !...

Si le roi d'Espagne était votre ennemi personnel ou l'ennemi de la révolution qui vous a pris pour chef, on devrait encore avoir pour ce roi les égards qu'eut Admète pour Thémistocle, ou *lui interdire* le séjour de France, puisqu'il n'est pas de la branche cadette des Bourbons. Mais si, au contraire, ce prince doit perpétuer l'ouvrage de Louis XIV au profit de la France, comme l'a plusieurs fois si éloquemment démontré le noble marquis de Dreux-Brézé à la Chambre des pairs, il faut alors reconduire en triomphe jusqu'à Madrid le petit-fils de Philippe V. Cette conduite vous est dictée, Prince, par l'intérêt de la France, mais elle est surtout nécessaire pour assurer le repos et la sécurité future de Christine et d'Isabelle, car, comme l'a écrit avec beaucoup de raison M. Thiers, « toute » usurpation a un cruel retour, et celui qui usurpe devrait » y songer, du moins pour ses enfans qui presque tou- »jours portent sa peine. »

On dit que vous redoutez la guerre civile pour la Péninsule, Prince ; mais, comme l'a très bien démontré saint Ambroise, « c'est l'usurpateur qui fait la guerre civile, »l'empereur défend ses droits. » Et d'ailleurs, ce qui se passe maintenant dans ce pays peut-il véritablement faire craindre une aggravation de malheurs publics? Nos ministres n'ont-ils pas favorisé même cette guerre civile au profit de Marie-Christine, que les événemens ont expulsée d'Espagne tout aussi bien que son auguste beau-frère, et qui, de plus, l'a été, elle, par les Espagnols, tandis que Charles V n'a été vaincu que par des Anglais, des Italiens, des étrangers enfin, sans oublier la trahison de Maroto? Vos ministres n'ont-ils pas déjà, de même qu'aujourd'hui, rallumé et soutenu la guerre civile en Portugal en faveur de don Pedro? Il ne faut donc plus parler d'humanité ni de droit, mais seulement de caprice révolutionnaire. Le mariage entre votre fils et Isabelle, qu'on donne pour prétexte à la deuxième usurpation de Christine, ne remédierait à rien : ce ne serait qu'un nouveau milieu, ayant toujours la légitimité et la révolution pour adversaires inconciliables.

IV.

Vous aviez, et vous avez encore un magnifique rôle à remplir, Prince, mais ce n'est pas celui d'agent matrimonial pour votre fils : c'était celui de pacificateur de l'Espagne et d'un libérateur digne de toute la gratitude des peuples : lorsque Charles V, aidé de la valeureuse épée de Cabrera, le Duguesclin de l'Espagne, lorsque Charles V, dis-je, faisait des efforts si héroïques contre l'usurpation, il était facile alors de le reconnaître pour roi, de lui envoyer un ambassadeur, des secours, et une déclaration dans le sens de celle que fit Louis XV en faveur du prince Edouard. Ce manifeste peut encore servir de modèle; il n'y a que les noms propres à changer. Quant à la rédaction, elle est de Voltaire, et *votre système* trouvera sans doute peu de chose à y reprendre.

Voici cette pièce historique que je prends la liberté de

recommander à votre attention , Prince, car il n'est jamais trop tard pour bien faire :

« Le sérénissime prince Charles-Edouard ayant débar-
» qué dans la Grande-Bretagne sans autre secours que son
» courage, et toutes ses actions ayant acquis l'admiration
» de l'Europe et les cœurs de tous les véritables Anglais ,
» le roi de France a pensé comme eux. Il a cru de son
» devoir de secourir à la fois un prince digne du trône de
» ses ancêtres, et une nation généreuse, dont la plus saine
» partie rappelle enfin le prince Charles Stuart dans sa
» patrie. Il n'envoie le duc de Richelieu à la tête de ses
» troupes que parce que les Anglais les mieux intentionnés
» ont demandé cet appui, et il ne donne précisément que
» le nombre de troupes qu'on lui demande, prêt à les re-
» tirer dès que la nation exigera leur éloignement. S. M.,
» en donnant un secours si juste à son parent, au fils de
» tant de rois, à un prince si digne de régner, ne fait cette
» démarche auprès de la nation anglaise que dans le des-
» sein et dans l'assurance de pacifier par-là l'Angleterre et
» l'Europe, pleinement convaincue que le sérénissime
» prince Edouard met sa confiance dans leur bonne vo-
» lonté ; qu'il regarde leurs libertés , le maintien de leurs
» lois et leur bonheur, comme le but de toutes ses entre-
» prises ; et qu'enfin les plus grands rois sont ceux qui,
» élevés comme lui dans l'adversité, ont mérité l'amour
» de la nation.

» C'est dans ces sentimens que le roi secourt le prince
» qui est venu se jeter entre ses bras, le fils de celui qui
» naquit l'héritier légitime des trois royaumes ; le guerrier
» qui, malgré sa valeur, n'attend que d'eux et de leurs lois
» la confirmation de ses droits les plus sacrés ; qui ne peut

» jamais avoir d'autres intérêts que les leurs, et dont les
» vertus enfin ont attendri les âmes les plus prévenues
» contre sa cause. »

Lorsque Charles V était en Espagne, Prince, il ne vous
demandait pas un duc de Richelieu et des troupes françaises pour défendre sa cause ; il avait des Espagnols et
cela lui suffisait ; si seulement vos ministres fussent restés
neutres, le roi d'Espagne prisonnier serait maintenant
victorieux , et la Péninsule vivrait heureuse sous son
sceptre légitime et paternellement libéral !

V.

Je sollicite aussi votre intervention, Prince, en faveur
des fidèles soldats de Charles V, qui sont déjà bien assez
malheureux d'être loin de leur pays, de leur famille déso-
lée et de leurs amis inquiets ; la France leur doit secours et
protection tout aussi bien qu'aux réfugiés italiens et polo-
nais : le malheur est sacré dans tous les pays, dans tous les
partis ; et quelle que soit la cause qui a précipité un homme
dans l'adversité, cet homme doit trouver un frère et un
appui dans chaque Chrétien, vraiment digne de ce nom ;
dans vous surtout, Prince, qui avez aussi connu les dou-
leurs de l'exil et vécu si long-temps des secours de l'Angleterre. Alors votre gratitude pour ce pays vous inspi-
rait ces lignes que vous écriviez à l'un de vos bienfaiteurs,
le 28 juillet 1808 :

« Jamais l'usurpateur Corse ne se reposera qu'il n'ait
» effacé toute notre famille de la liste des vivans.

» Ceci me fait sentir encore plus vivement, s'il est pos-
» sible, le prix de la généreuse protection que votre ma-
» gnanime patrie nous a accordée. J'ai quitté mon pays
» si jeune que *je ne suis guère Français*, et que je puis
» dire avec vérité que je suis attaché à l'Angleterre, non
» seulement par reconnaissance, mais par goût. C'est
» donc dans toute la sincérité de mon âme que je forme
» le vœu de ne jamais quitter ce pays hospitalier. »

Les Espagnols, Prince, alors même que vous leur ac-
corderiez les subsides qui leur sont nécessaires et tous les
égards qui leur sont dus, n'en aspireraient pas moins avec
ardeur à revoir le sol de la patrie, et, sans manquer aux
lois de la reconnaissance, ils ne cesseraient de se mon-
trer les vrais appréciateurs des intérêts de leur pays et de
témoigner leur inébranlable résolution d'en être les
loyaux défenseurs.

<h3 style="text-align:center">VI.</h3>

Non seulement j'ose espérer, Prince, que je ne vous
aurai pas signalé en vain l'injustice dont Charles V et ses
fidèles défenseurs sont en ce moment victimes, pour atti-
rer sur eux la générosité hospitalière que vous avez per-
sonnellement trouvée chez les Anglais, mais j'ai l'entière
confiance que vous accorderez de plus aux royalistes espagnols toute votre sympathie pour la cause juste et sainte
qu'ils défendent avec tant de courage et de persévérance,
car ils partagent tous vos vœux, toutes vos pensées d'au-
trefois : comme vous, Charles V a mis l'épée à la main,
et sa proclamation, adressée à l'Europe et à ses sujets,
aurait pu se résumer dans celle qui suit, que vous signâ-

tes sans doute avec autant de conviction que d'orgueil
en 1808 :

« Il est temps que la gloire des Bourbons cesse d'être
» un vain souvenir pour les peuples que leurs ancêtres ont
» tant de fois conduits à la victoire. Heureux si c'est de
» mon bras que la Providence daigne se servir pour con-
» vaincre nos contemporains et la postérité, que les mal-
» heurs dont nous sommes victimes n'ont pas dénaturé
» le sang qui coule dans nos veines! Heureux si mes fai-
» bles efforts peuvent aider à relever et à soutenir les trô-
» nes renversés par l'usurpateur, maintenir l'indépen-
» dance et les droits des peuples qu'il foule aux pieds
» depuis si long-temps! Et heureux même encore si je
» dois succomber dans cette noble lutte, puisque, dans
» tous les cas, j'aurai au moins acquis la satisfaction d'a-
» voir pu remplir mes devoirs, et de m'être montré digne
» de mes ancêtres.

» Je ne me dissimule point les difficultés que mon de-
» voir m'obligera de combattre; mais j'ai la ferme con-
» fiance dans l'aide du ciel, dans le caractère espagnol,
» si justement célèbre par son énergie, sa noblesse et sa
» persévérance. Espérons que, par l'union de tous, par
» l'élévation de l'âme et des pensées, par l'activité, la dis-
» cipline et la constance, la Providence destine votre
» grande et généreuse nation à réparer les maux sans nom-
» bre que la faiblesse et la désunion des gouvernemens
» et des peuples ont attirés sur l'Europe coupable.

» L'Espagne recouvrera son Roi, soutiendra ses autels
» et le trône, et, s'il plaît à Dieu, *j'aurai l'honneur d'ac-*
» *compagner les Espagnols vainqueurs*, lorsque, par leur
» noble exemple et avec leur assistance, leurs voisins les

» recevront chez eux. L'adoption dont ils m'honorent fera
» ma gloire ; je n'en ambitionne d'autre que celle qui leur
» appartiendra à tous. »

VII.

Je me résume, Prince, en sollicitant la liberté pour le roi Charles V et des subsides pour ses fidèles soldats.

Depuis un demi-siècle que l'Europe est en combustion, vous le savez mieux que personne, Prince, les vaincus de la veille sont souvent les vainqueurs du lendemain : ainsi, 1793 vous a qualifié de traître, de déserteur, d'ennemi de la France, et 1830 vous a placé sur le glorieux trône des Bourbons ! Les tout puissans d'aujourd'hui peuvent donc être demain des proscrits, et avoir besoin pour eux-mêmes des secours qu'ils auront prêtés à leurs frères malheureux !

Je suis, Prince, etc.

FRÉDÉRIC DOLLÉ,
A Paris, rue d'Anjou-Saint-Honoré, 62.

Paris, le 4 novembre 1841.

IMPRIMERIE D'ÉD. PROUX ET Cᶜ, RUE NEUVE-DES-BONS-ENFANS, Nᵒ 3.

www.ingramcontent.com/pod-product-compliance
Lightning Source LLC
Chambersburg PA
CBHW051457060726
47596CB00006B/2815